D1729716

Geflügelte Freunde

Bilder-Geschichten

Für

Charlotte,
Johanna und Cornelius

Bilder von G. Burger / Texte von W. Bleddin

© 2003 · Alle Rechte bei Friedrich Gand,
72135 Dettenhausen
Satz und Druck:
Gulde-Druck GmbH, Tübingen
ISBN 3-924123-49-7

Die Biene *Christine*

Einst flog die kleine Biene,
ihr Name war *Christine* –
hinaus in Wald und Feld;
sie hatte gar kein Geld.

Auf einer schönen Wiese
traf sie *Marie-Luise;*

sie flogen hin und her –
im Kreis, das war nicht schwer.

Sie sahen Blumen winken,
da wollten beide trinken.
Das brachte Ungemach,
sie trennten sich im Krach.

Marie-Luise war sehr schlau,
sie flog zur Wunderblume *Blau*,
trank Nektar dort, so herrlich süß
und himmlisch – wie im Paradies.

Christine flog, *Christine* grollte,
sie wußte nicht mehr, was sie wollte.
Die roten, … gelben, … lila Blüten
umsummte sie – in wildem Wüten.

Die Sonne sank am Abend – rot,
Christine hatt' kein Abendbrot.
Mit schmerzlich leerem Magen
mußt' sie den Heimweg wagen.

Und großer Hunger in der Nacht
hat sie um ihren Schlaf gebracht.
Dazu noch Regen – Stunden lang,
macht alle Bienen klein und bang.

Ins warme Licht – nach Tagen,
mußt' man *Christine* tragen:
Drei Bienen und Marie-Luise
schleppten sie zur schönen Wiese.

Dort trank sie jeden Blütensaft
und spürte neue Lebenskraft
in sich – die kleine Biene.
Ihr wißt, sie heißt *Christine.*

Die Biene *Christine*

Einst flog die kleine Biene,
ihr Name war *Christine* –
hinaus in Wald und Feld;
sie hatte gar kein Geld.

Auf einer schönen Wiese
traf sie *Marie-Luise;*
sie flogen hin und her –
im Kreis, das war nicht schwer.

Sie sahen Blumen winken,
da wollten beide trinken.
Das brachte Ungemach,
sie trennten sich im Krach.

Marie-Luise war sehr schlau,
sie flog zur Wunderblume *Blau,*
trank Nektar dort, so herrlich süß
und himmlisch – wie im Paradies.

Christine flog, *Christine* grollte,
sie wußte nicht mehr, was sie wollte.
Die roten, ... gelben, ... lila Blüten
umsummte sie – in wildem Wüten.

Die Sonne sank am Abend – rot,
Christine hatt' kein Abendbrot.
Mit schmerzlich leerem Magen
mußt' sie den Heimweg wagen.

Und großer Hunger in der Nacht
hat sie um ihren Schlaf gebracht.
Dazu noch Regen – Stunden lang,
macht alle Bienen klein und bang.

Ins warme Licht – nach Tagen,
mußt' man *Christine* tragen:
Drei Bienen und Marie-Luise
schleppten sie zur schönen Wiese.

Dort trank sie jeden Blütensaft
und spürte neue Lebenskraft
in sich – die kleine Biene.
Ihr wißt, sie heißt *Christine.*

1

2

3

4

5

6

7

8

11

Felicitas – das Fliegenkind

Felicitas – das Fliegenkind
konnt' schneller fliegen als der Wind.
Sie wohnt' am Wald und Wiesengrund
und war von Kopf bis Fuß gesund.

Im hellsten Sonnenschein
flog sie ins Fenster rein –
zum Eßtisch der Familie Knoll,
der war mit guten Speisen voll.

Felicitas sah keine Not,
entdeckte Butter, Milch und Brot,
prüft' Kirschgelee – sehr fruchtig,
Wurst, Käse – fett und duftig.

Sie schwebte in die Küche weiter,
landet' in Nudeln – froh und heiter,

schwamm in der Soße, auf dem Braten,

um dann den Reisbrei zu durchwaten.

Aus jedem Glas nascht' sie – und Topf
und flog danach auf Opas Kopf.
Dort putzte sie die Schmuddelfüße
in seinem Haar – die kleine Süße.

Der Opa las ein kluges Buch
und freut' sich über den Besuch.
Sich putzen, macht der Fliege Spaß,
sie fliegt, … sie nascht – *Felicitas*.

Felicitas

Felicitas – das Fliegenkind
konnt' schneller fliegen als der Wind.
Sie wohnt' am Wald und Wiesengrund
und war von Kopf bis Fuß gesund.

Im hellsten Sonnenschein
flog sie ins Fenster rein –
zum Eßtisch der Familie Knoll,
der war mit guten Speisen voll.

Felicitas sah keine Not,
entdeckte Butter, Milch und Brot,
prüft' Kirschgelee – sehr fruchtig,
Wurst, Käse – fett und duftig.

Sie schwebte in die Küche weiter,
landet' in Nudeln – froh und heiter,
schwamm in der Soße, auf dem Braten,
um dann den Reisbrei zu durchwaten.

Aus jedem Glas nascht' sie – und Topf
und flog danach auf Opas Kopf.
Dort putzte sie die Schmuddelfüße
in seinem Haar – die kleine Süße.

Der Opa las ein kluges Buch
und freut' sich über den Besuch.
Sich putzen, macht der Fliege Spaß,
sie fliegt, … sie nascht – *Felicitas*.

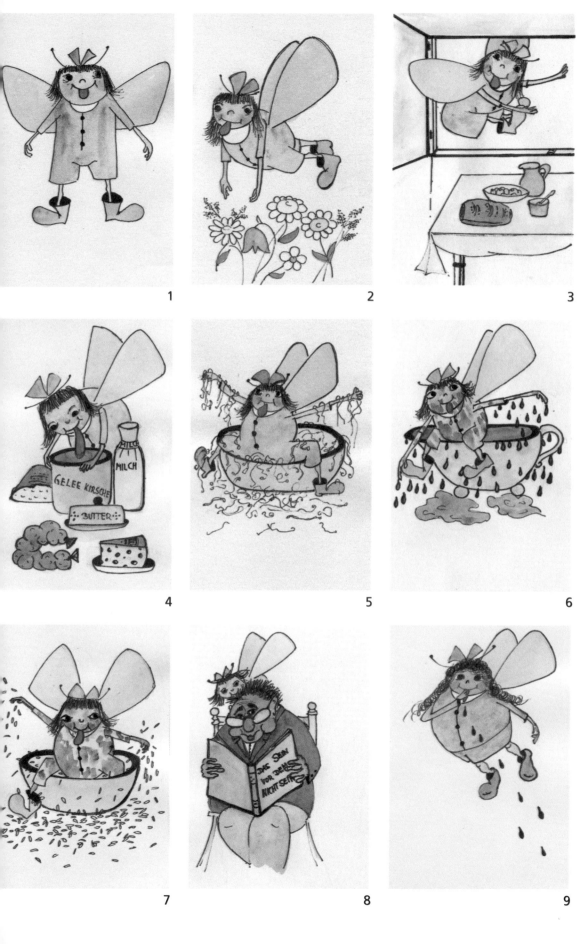

1

2

3

4

5

6

7

8

9

Käfer-Spiel

Ein Käfer brummt im Grase,
am Sonntag ist's im März.

Und zärtlich tupfend,
zaghaft schwingend,
so streift er durch
das erste Grüne,

hängt sich an Halme,
rührt an Knospen
mit verschmitzter,
froher Miene;

so friedlich summend,
ziellos frei –
als wollte er
sie alle wecken

und so tun –
nur zum Scherz,
als ob er
der Frühling sei,

um die aufgeschreckten Sprosse
und das scheue Gras zu necken.

Käfer-Spiel

Ein Käfer brummt im Grase,
am Sonntag ist's im März.

Und zärtlich tupfend,
zaghaft schwingend,
so streift er durch
das erste Grüne,

hängt sich an Halme,
rührt an Knospen
mit verschmitzter,
froher Miene;

so friedlich summend,
ziellos frei –
als wollte er
sie alle wecken

und so tun –
nur zum Scherz,
als ob er
der Frühling sei,

um die aufgeschreckten Sprosse
und das scheue Gras zu necken.

1

2

3

4

5

6

7

8

Anhang

Die Biene *Christine* und ihre Freundin, *Marie-Luise*, fliegen oft zur *schönen Wiese* und zur Wunderblume *Blau*. …

Felicitas – das Fliegenkind fliegt immer wieder, schneller als der Wind, zum Eßtisch der Familie Knoll. …

Käfer KONRAD macht keine Käfer-Spiele mehr. Die Herrscherin vom *Zauberwald* sandte ihn zu ANKE. Sie werden am *Zauberteich* erwartet, um den Wald, gemeinsam mit allen Tieren, zu retten.

ANKE und Käfer KONRAD

„… der Käfer … begann emsig im Boden zu graben.
Schon bald war er zur Hälfte im Erdreich verschwun-
den. Anke wunderte sich: Was suchte er dort? …"

Wilhelm Bleddin

„Die Reise durch den Zauberwald"

Dreizehn spannende Abenteuer für 6 – 99 Jahre

ANKE und Käfer KONRAD retten den Zauberwald. Wesen und Tiere,
wie der Tausendfüßler TÜCHTIKOWSKY, helfen ihnen: